Лб 56
1093

NAPOLÉON III

ET LA FRANCE LIBÉRALE

PARIS. — IMPRIMERIE DE L. TINTERLIN ET Cᵉ
RUE NEUVE-DES-BONS-ENFANTS, 3.

NAPOLÉON III

ET

LA FRANCE LIBÉRALE

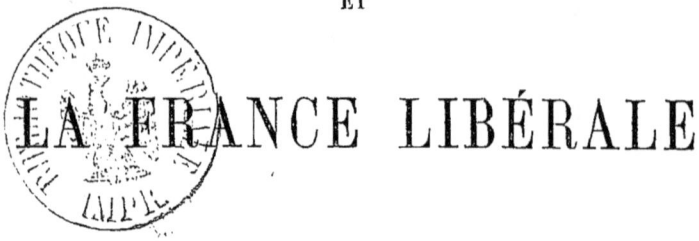

Connais-toi toi-même. — Le décret du 24 novembre et le couronnement de l'édifice. — Les libéraux : attitude à prendre. — Trois catégories de libéraux. — Les Bonapartistes : M. de Persigny. — Les Orléanistes : M. Prévost-Paradol. — Les Républicains. — Libéraux et Rétrogrades. — Une alliance contre nature. — L'union fait la force. — Dissidences et points de contact. — La République. — la Royauté : encore M. Prévost-Paradol. — L'Empire. — L'alliance libérale universelle. — La jeune France. — L'Empire constitutionnel et la presse officieuse. — Conséquences du décret. — La tribune. — La presse périodique. — M. de Persigny et la presse anglaise. — *Dura lex, sed lex.* — L'épée de Damoclès. — L'oncle et le neveu. — L'achèvement de la Constitution. — Pie IX et Napoléon III. — Conclusion.

PARIS

H. DUMINERAY, LIBRAIRE-ÉDITEUR,

78, RUE DE RICHELIEU, 78.

1861

NAPOLÉON III

ET

LA FRANCE LIBÉRALE

Laissons un moment de côté François-Joseph 1ᵉʳ et sa Vénétie frémissante sous le joug, et en vertu de l'adage : *Connais-toi toi-même*, reportons nos regards sur une question autrement importante pour nous ; celle de notre situation intérieure.

I.

On ne peut plus affirmer à l'heure qu'il est que Louis-Napoléon ne soit pas disposé à tenir ce qu'il a promis. Voici que le dictateur du 2 décembre se rapproche de l'écrivain libéral d'il y a vingt ans, et appelle tous les libéraux de France à concourir avec lui au couronnement de l'édifice.

Ce n'est plus François d'Autriche, essayant d'étayer, de quelques concessions faites de mauvaise grâce, son chancelant Empire; ce n'est plus le roi de Naples, sourd à tous les avis, rebelle aux manifestations de l'opinion, attendant que les quinze cents volontaires de Garibaldi aient détruit son armée et dissipé son prestige; et enfin, quand la Sicile s'est insurgée, quand tout est perdu, jetant à ses peuples altérés d'unité la constitution violée par son père. C'est un monarque puissant et victorieux, dans les négociations comme sur le champ de bataille, lequel, au sortir de deux guerres heureuses, s'effraye lui-même de sa propre responsabilité, et sans qu'aucun symptôme avant-coureur lui ait fait présager les disgrâces de la fortune, avant qu'un seul mécontent ait osé déployer son drapeau, donne aux représentants de la nation les moyens de contrôler ses actes.

Certes, nous autres libéraux, nous avons bien, quoi qu'on en ait dit, sujet de nous réjouir un peu. Nous avions soutenu que la liberté est nécessaire, qu'elle est l'essence même de la vie des peuples civilisés, et que son éclipse, à la longue, est aussi fatale aux gouvernements qu'aux individus; et les publicistes de certaine école regardaient d'un œil de pitié toutes ces *spécieuses rêveries,* comme ils disaient dans leur dédaigneuse indulgence. — Ah! les nations ne sauraient se passer de liberté. — La France s'en passe parfaitement. — On ne régnera désormais qu'avec elle. — Qui donc, en Europe, règne plus que Napoléon III ?... Mais voici que celui-là même, sur l'exemple duquel les autres se fondaient pour nier l'efficacité de la liberté, la reconnaît indispensable et l'accorde spontanément.

Un peu plus tôt, un peu plus tard, ils y viendront tous, prétendions-nous. Voici que leur maître à tous y est venu.

Maintenant que l'Empire a fait un pas vers les libéraux, faut-il l'attendre? faut-il aller au devant de lui? faut-il reculer? C'est ce que nous nous proposons d'examiner dans cette brochure.

II.

D'abord, qu'entend-on par libéraux ? Sauf un petit nombre d'hommes, pour lesquels Rome est restée la vraie capitale de la Gaule, tous les partis se parent également de ce titre, quoique plusieurs d'entre eux diffèrent complétement de principes, d'opinions et de doctrines. S'il est vrai que l'hypocrisie soit un hommage indirect du vice à la vertu, on peut voir dans l'empressement des écrivains même les plus rétrogrades à se couvrir d'un masque de libéralisme, le plus bel hommage rendu à la cause dont ils sont les secrets adversaires.

Pour nous, nous irons au fond des choses, et, sans nous arrêter à une enseigne souvent trompeuse, sans nous laisser influencer par les épithètes plus ou moins discourtoises dont les organes des divers partis ont tour à tour flétri les membres du parti contraire, nous prendrons le mot *libéral* dans son acception la plus claire et la plus généralement acceptée.

Nous déclarons entendre par libéraux tous ceux qui ont adopté les grands principes de la révolution française. On distingue facilement parmi ces libéraux trois catégories :

1º Celle des libéraux Bonapartistes ;
2º Celle des libéraux Orléanistes ;
3º Celle des libéraux Républicains.

III.

Les libéraux Bonapartistes, qu'on se gardera de confondre avec les approbateurs quand même des actes officiels, ont aujourd'hui pour principal organe l'*Opinion Nationale*. On sait leurs principes : Liberté, suffrage universel, Napoléon empereur. Pour quelques-uns, il vaudrait mieux peut-être retourner la phrase, et écrire : Napoléon empereur, suffrage universel, liberté ! Mais la question n'est pas là, et l'essentiel est que la même profession de foi soit commune à tous.

Aux yeux des libéraux Bonapartistes, la liberté ne se sépare pas du suffrage universel, et la dynastie des Bonapartes est la seule qui soit en position d'admettre sans danger l'un et l'autre.

Les Bonapartistes sont d'avis que la force et la popularité du chef de l'Etat importent à la grandeur et à la prospérité de la nation. S'il n'y a pas sympathie entre le prince et son peuple, si le pouvoir monarchique est toléré et non défendu par la majorité des gouvernés, une révolution est inévitable. Trois fois chassés de notre sol, deux fois ramenés par les baïonnettes étrangères, les Bourbons portent écrit sur leur front, comme un stigmate ineffaçable, le souvenir des traités de 1815. En vain ils se défendent d'en avoir été les complices, en vain ils montrent leur main interposée comme une médiatrice entre la patrie abattue et l'ennemi triomphant. A tort ou à raison, les vétérans de la grande armée ont répété aux paysans de nos campagnes que l'arrivée à Paris d'un Français de plus a coûté à la France quarante départements et assez de milliards pour réduire à la misère cinq cent mille familles. Le martyre de Louis XVI, l'émigration, la terreur blanche, la réaction à l'ordre du jour, tout cela créait déjà un abîme que 1815 rend infranchissable. Les Bourbons médiateurs, soit. Mais il y a des médiations à jamais fatales à leurs auteurs.

Les Bourbons d'Orléans se sont ralliés au drapeau tricolore, sans doute, mais ce sont toujours des Bourbons. Rétrogrades par le sang, libéraux par calcul, ils ont à se faire pardonner à la fois, et leur nom de Bourbons par la France et leur nom d'Orléans par l'Europe. De là la situation fausse contre laquelle eut à lutter durant tout son règne le roi Louis-Philippe. De là un système de corruption électorale pratiqué à l'intérieur, et à l'extérieur la paix européenne mendiée à tout prix. Défiance entre le gouvernement et le peuple, abaissement moral de l'un et de l'autre aux yeux des nations voisines, et finalement, révolution de février.

Fille de la révolution et se reconnaissant telle, la dynastie des Bonapartes n'a aucun de ces inconvénients. Forte et populaire, elle a procuré au pays la grandeur et la prospérité. Les prodiges du consulat et de l'empire, tant d'immortelles campagnes, tant de créations grandioses, l'ont entourée d'une auréole en présence de laquelle pâlissent toutes les autres. La volonté nationale, promulguée par un Napoléon, est une autorité devant laquelle s'incline le monde. En un mot, deux millions d'étrangers l'avaient enlevée à la France : aussitôt qu'ils l'ont pu, huit millions de Français l'ont rappelée au trône.

Huit millions de Français, c'est-à-dire huit millions d'électeurs, c'est-à-dire le suffrage universel, dénié par tous les Bourbons de France et de Navarre. Ce n'est pas assez que d'être libres, encore faut-il être égaux. Or, cette égalité précieuse, c'est Napoléon III qui l'a consacrée pour toujours. Sous Louis-Philippe, l'égalité n'existait pas. Le pouvoir appartenait plutôt à une sorte d'aristocratie d'argent, la pire de toutes.

Toutefois, la quatrième dynastie avait mérité jusqu'ici un reproche qui est sans contredit l'un des plus graves. On affirmait que la liberté ne pouvait fleurir à l'ombre du trône impérial. Un certain nombre de libéraux Bonapartistes n'avaient jamais cessé d'espérer le contraire. Les autres qui s'en tenaient aux déclamations peu encourageantes de la presse officieuse, sentaient tristement s'affaiblir leur confiance et s'éteindre leur dévouement.

Le décret du 24 novembre, ranimant ceux-ci, donnant raison à ceux-là, a levé les derniers scrupules. La liberté manquait, elle reparaît à l'horizon. Vive donc Napoléon III, par lequel nous serons à la fois libres, égaux et redoutés.

« Voici un prince, dit M. de Persigny, dans sa circulaire du 5 décembre, voici un Prince qui, après avoir reçu les pouvoirs de la nation pour rétablir l'ordre public à l'intérieur et la grandeur du pays à l'extérieur, est le premier à appeler l'expression des vœux et de l'opinion de la France. A peine est-il victorieux des ennemis du dedans et du dehors, qu'il introduit dans nos constitutions des améliorations qui sont un témoignage de sa confiance dans le pays. »

« Le tableau de cette première partie de son règne formera une belle période de notre histoire. Appelé par tout un peuple à la tête d'une société bouleversée, tombée dans le chaos et l'anarchie, il se met courageusement à l'œuvre, et en quelques années il amène à ce point l'ordre dans les esprits et dans les choses, que jamais prospérité pareille n'a signalé aucune époque de notre histoire.

« Puis, à peine cette grande œuvre est-elle achevée à l'intérieur, qu'il est conduit par la situation de l'Europe, à en entreprendre à l'extérieur une autre non moins importante, pour replacer la France dans la haute position qui lui est due. En dépit de sinistres prophéties, qui annoncent partout qu'il sera emporté par la guerre au delà de la limite des véritables intérêts de la France, sa sagesse, égale à son courage, l'arrête à cette limite, et ainsi, non-seulement il a rétabli au profit de notre sécurité, l'équilibre troublé de l'Europe, mais ouvert au monde une nouvelle ère de paix et de prospérité.

« Enfin, pour terminer ce tableau, persuadé que sa véritable mission n'est pas seulement de placer son nom près de celui du glorieux chef de sa race, mais d'assurer les destinées du pays, il le prépare maintenant au noble et paisible exercice des libertés dont le trône populaire des Napoléons doit protéger le développement, »

Ainsi raisonnent les libéraux de l'Empire. Voyons maintenant ce que répondent les Orléanistes.

IV.

Sans doute, reprennent les Orléanistes, Napoléon Ier fut un homme de génie; mais c'est trop ou trop peu. On a montré sa gloire rejaillissant sur la France, et on s'est rappelé à propos le mot d'un ancien : *Il faut que la patrie soit non-seulement heureuse, mais suffisamment glorieuse.* Nous ajouterons nous : *et suffisamment libre.* Or, Napoléon Ier fut un monarque absolu. Napoléon III gouverne bien et aime à gouverner, aussi la France de Louis-Philippe a-t-elle toujours joui de la liberté, tandis que celle de Napoléon III l'attend encore. Dieu nous garde des rois agissants!

On objecte que la conduite de Napoléon Ier et de Napoléon III n'engage en rien celle de leurs successeurs. Nous pensons que si. Tel père, tel fils. Une pareille dynastie, fondée par deux hommes d'action, sera toujours tentée d'imiter ses fondateurs.

Mais Louis-Napoléon est plus populaire que Louis-Philippe. — Raison de plus pour préférer Louis-Philippe à Louis-Napoléon.

« Ce n'est pas un paradoxe que d'affirmer qu'une dynastie

trop populaire n'est pas éminemment propre à fonder et à conduire ce genre de gouvernement (le gouvernement parlementaire). Trop assurée de sa popularité, trop tranquille sur son avenir, trop confiante dans l'appui des masses, elle aurait grand'peine à se contenir dans de justes limites et à ne point porter la main sur un pouvoir dont le peuple ne se montrerait point assez jaloux. Si l'on suppose, au contraire, à la tête du gouvernement, une dynastie qui ne soit point odieuse aux populations, mais qui ne leur soit pas non plus trop chère, qui n'ait à combattre aucun préjugé, mais qui ne puisse pas compter sur une trop grande indulgence; qui n'ait pas à craindre l'hostilité particulière et incurable d'aucune classe de la nation, mais qui soit intéressée à les contenter toutes et à rechercher leur appui, on aurait toutes les chances favorables de voir cette dynastie régner avec vigilance et modération sur un peuple qui ne lui montrerait ni assez de défiance pour la décourager, ni assez d'abandon pour la corrompre (PRÉVOST-PARADOL, *Du gouvernement parlementaire*). »

D'ailleurs, ajoutent les Orléanistes, l'histoire est là pour confirmer nos paroles. On ne peut nier que l'avénement au trône de la branche cadette n'ait valu à la France dix-huit années de paix et de bien-être matériel et moral. On parle de la gloire militaire du premier Empire : compterait-on pour rien cette autre gloire plus légitime et plus féconde que la réunion de tant de grands écrivains et d'illustres orateurs a fait rejaillir sur le pays ?

Le juste et l'utile ne se séparent jamais, enseignait Socrate. Aussi la juste émulation excitée dans le domaine de la littérature et de l'éloquence, sous le règne de Louis-Philippe, a-t-elle eu pour résultat, conjointement avec le spectacle de nos libertés, de nous attirer les sympathies de l'Europe entière, tandis que la politique oppressive du premier Empire avait accumulé autour de nous des haines universelles.

Il y a encore une autre dissidence entre les libéraux bonapartistes et les libéraux orléanistes. Les uns et les autres sont à peu près d'accord sur la question de la liberté, mais ils ne comprennent point l'égalité de la même manière. Tandis que les Bonapartistes professent la doctrine du suffrage universel, les Orléanistes font de la qualité d'électeur un privilége véritable.

Pour justifier cette dérogation au principe d'égalité, les Orléanistes remarquent que la qualité d'électeur suppose l'intelligence politique. Or, dans l'état actuel de la civilisation, il s'en faut de beaucoup que tous les Français en soient doués, non pas seulement à un degré suffisant, mais même à un degré quelconque. Dès lors, le suffrage universel est inutile ou nuisible : inutile, si cent imbéciles sont menés par un homme d'esprit (car pourquoi ne pas s'en référer *à priori* à son opinion) ; nuisible, si la voix d'un homme d'esprit est étouffée par celle de cent imbéciles.

Pour toutes ces raisons, le gouvernement de 1830 est plutôt l'idéal des Orléanistes que le gouvernement actuel.

V.

Bonaparte ou Bourbon, s'écrient les Républicains, peu importe. Le temps des Bourbons est passé et celui des Bonapartes n'aurait jamais dû venir. S'il est équitable qu'aucune magistrature ne soit héréditaire, c'est une souveraine injustice que d'admettre une exception pour le trône, qui est la première des magistratures. On a décidé que la république est impossible en France, mais sans expliquer suffisamment pourquoi. Athènes et Rome dans l'antiquité, les Etats-Unis de nos jours, prouvent l'excellence des républiques pour le développement moral et matériel des peuples.

Dans une monarchie, de deux choses l'une : ou le roi règne et gouverne, ou il règne sans gouverner. La première hypothèse nous conduit au despotisme ; dans la seconde, à quoi bon un roi, et que signifie le titre sans la puissance ? — Mais il reste au roi le droit de dissoudre les Chambres, ce qui constitue à la fois la plus haute et la plus utile des prérogatives et permet de dénouer pacifiquement des questions qu'une république serait obligée de trancher par la force. — Objection habile, si la dissolution des Chambres pouvait être réservée au Roi autrement qu'en théorie. Personne n'ignore qu'un souverain parlementaire, en dissolvant les Chambres, n'est que le prête-nom de son premier ministre, véritable chef de l'État ? — L'Angleterre a prospéré grâce à ce système. — Oui, mais avec un système plus parfait, elle eût prospéré davantage. La Grande-Bretagne est une république aristocratique avec lord Palmerston pour président. Quant à la reine, son influence est heureusement dérisoire, et encore tout n'irait-il que mieux si elle n'y était pas. C'est ce nom de reine, incrusté au sommet de l'édifice britannique, qui empêche les Anglais de se débarrasser de leur aristocratie, et si l'on garde des rois en France, on verra fatalement l'aristocratie de naissance renaître peu à peu. Le premier Napoléon créa des nobles et établit des majorats. Louis XVIII et Charles X avaient leurs pairs héréditaires. Napoléon III a contribué lui-même, par une loi rendue récemment, à donner de la valeur à la particule nobiliaire. Enfin Louis-Philippe n'a pas résisté à la tentation d'anoblir le maréchal Bugeaud et quelques autres.

On a cru voir dans l'hérédité monarchique un moyen d'éviter les révolutions. Quand cela serait, l'hérédité ne se trouverait pas suffisamment justifiée. Le système des Chinois aussi, tend à éviter les révolutions, et n'en vaut guère mieux. Mais à notre sens, loin d'éviter les révolutions, l'idée que la force est le seul moyen de se débarrasser d'un homme qui déplaît, d'un mécanisme qui semble superflu ou dangereux, est faite au contraire pour les amener. Les révolutions de 1789, de 1830 et de 1848 n'ont pas eu d'autre motif.

Au surplus, n'est-il pas absurde de faire de la plus haute position de l'État l'apanage éternel d'hommes qui se sont donnés seulement la peine de naître, lorsque des citoyens autrement éminents mériteraient d'occuper cette position ? Outre que la patrie se met ainsi hors d'état d'accorder à ceux qui ont le mieux mérité d'elle une récompense proportionnée à leurs services, est-il admissible de dire que, deux candidats étant en présence, l'un qui a pour lui le seul hasard de la naissance, l'autre à qui la nature a départi l'intelligence et le génie, il ne soit pas préférable pour une nation de confier ses destinées au second ? Autant soutenir que pour diriger à travers l'Océan la course d'un vaisseau, la main la plus expérimentée ne fera pas mieux l'affaire que celle du premier-venu. Il est vrai qu'en s'en référant au sort on éviterait que les marins ne se disputassent la prééminence, ce qui serait sans doute un avantage !

Liberté, égalité, fraternité, concluent les Républicains, c'est là notre devise. Or une liberté sans restriction, une égalité complète, une fraternité sincère, ne sont possibles qu'avec la république.

Telles sont, à quelque chose près, les idées respectives des trois catégories de penseurs qui se partagent la France libérale.

VI.

Ce noble parti du progrès, qui embrasse dans son emsemble l'immense majorité des hommes intelligents, ne devrait-il pas exercer sur la marche des affaires une influence décidément prépondérante? Cette grande voix, qui est à la fois celle de l'humanité et celle de Dieu, ne devrait-elle pas primer les voix dissidentes, comme la voix de la foudre prime celle des vents déchaînés? D'où vient donc qu'une poignée d'ultramontains et de légitimistes, éparpillés sur le territoire de nos 89 départements, soient parvenus à y provoquer une agitation qui paraît inouïe, quand on songe et à l'isolement dans lequel sont laissés les rétrogrades sur notre sol et au système de compression qui n'a pas cessé de peser sur tous les partis depuis le 2 décembre. Car l'histoire aura à constater ce fait étrange que, dans la période qui vient de s'écouler, tandis que la France libérale n'a eu à sa disposition, en dehors du Luxembourg ou du Palais-Bourbon, ni une tribune ni un journal où elle pût émettre sans entraves ses vœux et ses répugnances, une centaine de prélats unis à deux ou trois cents chevaliers fanatiques, ont impunément fait retentir de leurs plaintes, pour ne pas dire plus, les quarante mille temples de la catholicité française.

Ah! c'est qu'on est bien forcé de le reconnaître, les ultramontains et les légitimistes ont adopté depuis longtemps les mêmes couleurs, tandis que les libéraux n'ont pas cessé de rester divisés. Si le parti légitimiste n'avait pas scellé son alliance avec le pape sur le champ de bataille de Castelfidardo, de combien de chefs-d'œuvre oratoires n'aurions-nous pas été privés ? Et si la fusion s'était accomplie parmi les différentes catégories de libéraux, quelle force n'auraient-ils pas tirée de leur unité ?

En résumé, et pour juger de l'état des partis par celui de leurs organes, que voyons-nous aujourd'hui ?

Sans parler de la presse de province, contentons-nous, pour plus de brièveté, de jeter un coup d'œil sur la presse quotidienne de Paris, dont l'indépendance, à tout prendre, a été mieux sauvegardée. Dans le camp opposé au nôtre, sur toutes les questions religieuses et de politique extérieure, la *Gazette de France*, le *Monde*, l'*Union*, les *Villes et Campagnes* (1) marchent étroitement unis. Pour nous, lors même qu'il s'agit d'un principe commun à tous, comme la liberté, nous ne nous épargnons guère les récriminations et les épigrammes. Née d'hier, la *Nouvelle* attaque le *Siècle*, lequel se sépare des *Débats*, le *Courrier du Dimanche* traite l'*Opinion* de pseudo-libérale, et celle-ci, à son tour, appelle la *Presse* le journal de l'orléanisme honteux. Et comme si ce n'était pas assez de ces divisions intempestives, nous avons assisté dernièrement à une tentative de rapprochement entre quelques orléanistes et le bataillon sacré des rétrogrades ultramontains. Reconnaissons vite que ces derniers n'ont pas été longtemps d'accord avec leurs nouveaux amis.

N'est-il pas temps d'adopter une autre ligne de conduite, et puisque le gouvernement impérial nous montre du doigt la liberté, ne vaut-il pas mieux nous diriger vers elle, les rangs serrés et animés d'un même esprit, que de nous épuiser en de misérables querelles ? L'Italie, expression géographique, est en train de devenir le royaume d'Italie. Se

---

(1) Constatons ici que l'*Ami de la Religion*, en tant que journal politique, a noblement mêlé sa voix à celle de tous les libéraux sans distinction pour demander la liberté et en saluer le retour.

flatte-t-on qu'un tel résultat pourrait être obtenu, si tous les libéraux de la péninsule ne s'étaient ralliés sous l'étendard de la maison de Savoie ? Non, mille fois non, si les républicains n'avaient abjuré leurs vieilles rancunes, si les patriotes toscans et napolitains n'avaient sacrifié à cette grande idée jusqu'à leurs traditions séculaires, le *lasciate speranza* du Dante aurait été une fois de plus applicable à cette belle contrée. C'est le défaut d'entente entre les libérateurs qui a enrayé le mouvement italien de 1848, c'est lui qui a entravé depuis mille ans la reconstitution de l'Italie.

Vérité au delà des Alpes, vérité en deçà. La France est une, Dieu merci, mais elle n'est pas libre, et personne ne contestera que l'éclipse de sa liberté ne date des luttes fratricides d'il y a douze ans. Que la leçon ne soit pas perdue ! Qu'on ne distingue plus à l'avenir parmi nous ni orléanistes, ni républicains, ni impérialistes, mais seulement des libéraux.

VII.

Les difficultés que présente une alliance aussi intime seront loin de paraître insurmontables, si l'on considère le grand nombre de principes communs aux Républicains, aux Orléanistes, et aux Libéraux de l'empire.

Un de ces principes communs à tous, c'est la liberté de conscience. Républicains, Orléanistes et Bonapartistes sont d'accord pour la maintenir.

Tous les Libéraux sont également d'accord sur l'admissibilité de tous les citoyens à tous les emplois religieux, civils et militaires.

Tous réclament, avec quelques restrictions de plus ou de

moins, la liberté de la tribune et la liberté de la presse comme corollaires de la libre communication de la pensée.

Passons maintenant aux dissidences :

Les Républicains tiennent à un chef électif, au suffrage universel et à l'abolition immédiate de la noblesse.

Les Bonapartistes s'accommodent du suffrage universel, mais à un chef électif ils préfèrent un empereur pris dans la famille Bonaparte et ils se refusent à abolir la noblesse.

Les Orléanistes ne sont pas plus partisans du suffrage universel que de l'abolition de la noblesse. Leurs sympathies sont pour le suffrage restreint, avec le comte de Paris et l'hérédité du trône.

VIII.

Les premiers auxquels nous nous adresserons sont justement ceux qui dans ces derniers temps ont le plus souffert, nous voulons dire les Républicains.

Les Républicains (nous entendons ceux qui sont de bonne foi) ne doivent pas se dissimuler que leur parti est en ce moment fort affaibli. Toutefois, cela ne nous empêchera pas de leur rendre justice. L'idée républicaine est certainement séduisante, et il est peu d'hommes qui, à la fleur de l'âge, ne l'aient partagée un instant. Malheureusement la première République a été accompagnée de tant de catastrophes que la France, à tort ou à raison, en est arrivée à la regarder comme le pire fléau qu'elle eût à redouter. La deuxième République, courte parodie de la première, l'a confirmée de plus en plus dans cette opinion, et nous avons assisté à ce spectacle singulier d'un peuple qui, à peine délivré de la monarchie, n'a rien eu de plus pressé que d'en reconstituer une autre.

Ainsi les Républicains ne peuvent, de longtemps du moins, espérer convertir à leur manière de voir la majorité des Français, et le suffrage universel, qu'ils invoquent, les condamne sans retour. Il y a quelque chose de pire que d'avoir tort, c'est de paraître avoir tort, et ils sont dans ce cas.

Dans ces conditions, et n'ayant aucune chance d'attirer à eux les autres partis, leur obstination ne peut être que stérile pour eux et funeste à la cause libérale. Nous parlions tout à l'heure de l'Italie ; c'est pour eux surtout que le spectacle qu'elle nous offre est un grand enseignement. Les monarchistes et les Républicains d'Italie se sont alliés pour faire l'Italie une, que les Républicains et les monarchistes de France se réunissent pour faire la France libre. Et puisque la France ne saurait être une libre république, qu'avec leurs concours elle devienne du moins une libre monarchie.

Les Républicains ne doivent pas se montrer généreux à demi. Nous ne leur demanderons pas seulement de renoncer à l'idée d'un chef électif, mais encore d'abandonner, provisoirement du moins, celle de l'abolition de la noblesse. Ils comprendront que la présence d'un certain nombre de nobles héréditaires sur les degrés du trône peut sembler une garantie aux yeux d'un prince qui ne règne lui-même que par hérédité. Si le souverain, qui n'est tel qu'en vertu d'un privilége, se sent rassuré en songeant qu'il n'est pas absolument le seul privilégié au monde, ils concevront que les inconvénients signalés se trouvent compensés jusqu'à un certain point. Il en sera ainsi jusqu'au jour où le prince aura reconnu que la stabilité de sa couronne ne dépend pas de l'hérédité des titres de quelques sujets, mais de sa fidélité à ses devoirs et de la volonté du peuple qui l'a choisi.

Moyennant ces deux concessions nous osons affirmer que les ex-républicains obtiendront l'appui de tous ceux qui ont à cœur la cause libérale.

IX.

Nous nous adresserons en second lieu au parti orléaniste; lequel, par l'importance de ses organes, par la valeur des hommes d'État qu'il compte dans ses rangs, et enfin par la sagesse et la modération de ses vues, s'est acquis l'estime de ses adversaires.

Il est permis de dire que les Orléanistes, malgré leurs idées monarchiques, sont plus éloignés de l'Empire que les Républicains. Ces derniers, en effet, admettant le suffrage universel, peuvent, s'ils n'ont pas d'arrière-pensée, se trouver conduits à l'Empire par l'application même de ce principe. Les Orléanistes, au contraire, ne tiennent pas compte du suffrage universel, et c'est au nom du suffrage restreint qu'ils acclament le comte de Paris. Pour ce qui est de la noblesse, ils la maintiennent comme les partisans des Bonapartes, mais en paraissant plutôt la tolérer qu'y tenir beaucoup.

Une question de principe et une question de personne, tel est donc le grand obstacle entre les Orléanistes et l'Empire, si l'Empire couronnait l'édifice. Nous ne ferons pas aux Orléanistes l'injure de croire qu'ils mettent la question de personne au premier rang, et nous supposerons qu'ils défendent avant tout, les principes représentés par le gouvernement de 1830. Tous ces principes, sauf celui du suffrage restreint, peuvent être consacrés par l'Empire.

Or, sur quoi les Orléanistes se basent-ils pour préconiser

le suffrage restreint aux dépens du suffrage universel? Sur la supposition que tous les Français ne sont pas capables de voter en connaissance de cause, et qu'il y a danger d'en voir beaucoup choisir leurs candidats tout à fait aveuglément. Mais sans compter que le bon sens est un droit de nature, dont les dernières classes de la société ne sont pas moins abondamment pourvues que les premières, l'expérience démontre qu'une personne qui ne se sent pas suffisamment édifiée sur ce qu'elle a à faire, ne manque presque jamais de s'adresser à ceux qu'elle croit être à même de la renseigner. Avec ce système font observer les Orléanistes, les citoyens éclairés ou dans l'aisance, particulièrement intéressés par cela même au maintien de l'ordre, sont à la merci d'une majorité aveugle et souvent jalouse. On oublie que ces hommes éclairés ou dans l'aisance possèdent sur le reste de leurs concitoyens une sorte d'autorité morale, qui met en réalité la plupart des voix à leur disposition. Cette autorité est légitime, parce qu'elle a sa limite naturelle dans la volonté de ceux dont elle dirige les actes, et tout en sauvegardant la prépondérance de l'aristocratie dans la plus valable acception du mot, elle se concilie merveilleusement avec les principes démocratiques, violés de toute autre manière.

Le suffrage universel, prétendu incompatible avec le gouvernement parlementaire, a porté d'ailleurs d'excellents fruits dans la monarchie constitutionnelle italienne. C'est lui qui nous a donné pour toujours Nice et la Savoie, et qui nous a épargné la république *rouge*. A tout prendre, ce ne sont pas là des preuves d'infériorité sur le suffrage restreint.

Un d'Orléans est-il préférable à un Bonaparte? Oui, répond au nom des partisans de la branche cadette, M. Prévost-Paradol, parce que les d'Orléans se résigneront toujours mieux que les Bonapartes à régner sans gouverner.

Sans examiner ici s'il est réellement d'une bonne politique de refuser au souverain toute part, si minime qu'elle soit, dans la conduite des affaires, nous objecterons seulement à l'honorable écrivain que ce n'est pas au moment où le chef de l'État concède à nos représentants le droit absolu de refus ou d'amendement aux propositions de la couronne, qu'il conviendrait de nier l'excellence de ses intentions et la sincérité de ses promesses. Nous ajouterons qu'il est de l'intérêt des Napoléons de ne pas décevoir l'attente des Français, et que le malheureux sort éprouvé par les gouvernements précédents, coupables d'avoir perdu la confiance du pays, est bien fait pour prémunir leurs successeurs contre des penchants réellement absolutistes. Au reste, pour lui emprunter une de ses expressions, l'écrivain auquel nous faisons allusion s'est comporté en honnête homme, car au 24 novembre comme au 10 décembre (1), il a été l'un des premiers à donner le signal des applaudissements.

D'un autre côté, en dépit de tous les arguments possibles, la thèse qui consiste à soutenir que plus une dynastie est populaire, plus elle est dangereuse pour un pays, paraîtra toujours légèrement paradoxale. Le mot *populaire* n'est applicable qu'à une dynastie qui a pour elle la majorité de la nation, et dès lors, c'est être singulièrement illogique que de vouloir l'exclure au nom de cette nation elle-même. On devrait se souvenir que l'institution de l'ostracisme a fait plus de mal que de bien à la république d'Athènes.

Laissons cette théorie ingénieuse, mais peu profonde, et basons-nous sur une intelligence exacte des besoins de notre époque. A cette heure, le nom de Napoléon, aux yeux de la France, de l'Europe et du monde, dit évidemment

---

(1) Date de l'amnistie des avertissements.

plus que celui de Louis-Philippe. Le prestige naissant de l'impériale dynastie a détrôné celui d'une dynastie dix fois séculaire. La France de Napoléon est sans contredit plus haut placée que celle de Louis-Philippe, quelles que soient les sympathies dont celle-ci ait été entourée.

Mais égalisons un instant les deux plateaux de la balance, et admettons que les Bonapartes et les d'Orléans aient des droits égaux à la reconnaissance du pays. Aussi bien est-il juste de faire entrer en ligne de compte les dix-huit années de calme et de prospérité dont nous avons joui sous le gouvernement de 1830. En matière de liberté, nos dix-huit années de parlementarisme ne feront pas non plus trop mauvaise figure à côté du décret du 24 novembre. Supposons aussi que le suffrage restreint, dont nous avons démontré plus haut l'insuffisance, ne vaille ni plus ni moins que le suffrage universel.

Aux Libéraux de 1830, qui se glorifient du titre de libéraux conservateurs, nous dirons : Grâces soient rendues à Louis-Philippe pour ce qu'il a fait ; grâces soient rendues à Napoléon III pour ce qu'il veut faire. Révérez la mémoire de l'un, mais ne soyez pas ingrats envers l'autre. Evitez avant tout la guerre civile, et, liberté pour liberté, même au prix de distinctions superflues, préférez celle qui vient sans révolution.

X.

Il en coûtera sans doute aux libéraux républicains et orléanistes pour se rapprocher ainsi de leurs frères bonapartistes, aux dépens de quelques-unes de leurs espérances.

Par contre, quelles concessions allons-nous imposer à ces derniers?

Aucune, absolument aucune. Nous n'exigerons pas même qu'ils travaillent à la suppression de la noblesse héréditaire, puisque la majorité des Libéraux aura consenti à la maintenir.

Placé comme un moyen terme entre l'opposition libérale et l'empire, le parti libéral bonapartiste a pour mission de rallier tout à lui. Quand les diverses nuances de libéraux se seront confondues avec la sienne, nous ne lui demanderons qu'une seule chose : ce sera de s'en tenir à son programme et d'attendre.

XI.

Alors sera consommée, au grand avantage de la civilisation moderne, l'alliance définitive des membres de la famille libérale. Comme des éléments divers, fondus ensemble dans le même creuset, ils se combineront, en vertu de leur affinité puissante, pour ne former qu'un seul corps, plus consistant que tous les autres. Au Sénat, à la Chambre des Députés (nous entendons une chambre librement élue), dans la presse comme à la tribune, ils se soutiendront mutuellement et associeront leurs efforts pour l'achèvement d'une œuvre commune, celle de l'émancipation des peuples. Et puissent les clameurs des opposants se perdre dans l'unanimité de leurs suffrages!

Une nouvelle génération s'élève, dont le bruit des fusillades de février a troublé les premiers jeux. Au moment où elle se dispose à réclamer sa part de droits et d'activité dans la vie politique, que le trop long désaccord de ceux qui l'ont précédée ne lui soit pas un encouragement à de nouvelles discordes. Si jamais elle pouvait être tentée de saisir à son tour les armes paternelles, si elle pouvait hésiter un moment entre l'ordre et les barricades, entre la paix intérieure et la guerre civile, que le spectacle des rivaux de 1848, pleurant leur erreur sur le champ de leur commune défaite, les lui fasse pour toujours tomber des mains.

Ce jour-là, si la quatrième dynastie s'est montrée à la hauteur de sa mission, il est permis de croire qu'elle sera pour longtemps affermie.

XII.

D'après ce qui précède, on comprendra que l'intérêt du gouvernement actuel soit de donner des gages de sa confiance à tous les Libéraux quels qu'ils soient. On n'imaginerait pas cependant qu'il en fût ainsi, à lire les discours de certains journaux prétendus officieux. Ces feuilles (ceci s'adresse notamment à deux d'entre elles), ont soin de tenir précisément le langage le plus propre à dissuader les personnages marquants des anciens partis de se rapprocher de l'Empire, et à refroidir le zèle des libéraux bonapartistes. Il serait difficile d'être plus maladroit (1). Nous sommes heureusement convaincus que le gouvernement n'écoutera pas les conseils de ces amis inhabiles et qu'il passera par dessus leurs désespérantes théories pour doter la France d'institutions conformes à son génie et à ses aspirations. Il se rap-

---

(1) Depuis le jour où nous écrivions ces lignes, les journaux officieux ont changé une fois de plus d'opinions et d'allures. Est-ce M. de Persigny que nous devons remercier ?

pellera que le principal et presque l'unique grief mis en avant par les ennemis de l'Empire, c'est qu'il est incompatible avec la liberté, et il tiendra à prouver le contraire d'une façon éclatante.

XIII.

Le droit de réponse au discours de la couronne, la faculté d'amendement, l'institution des ministres orateurs, la publicité des débats des chambres, vont ouvrir une voie nouvelle, semée de libertés pour notre pays. L'exécution commence d'un magnifique programme : espérons que celui-là n'aura pas son Villafranca.

Quoique toujours privée de l'initiative parlementaire, bien que composée d'hommes élus presque tous sous la pression administrative, la tribune, par le fait même du décret, reprend dans une certaine mesure son indépendance d'autrefois. La presse périodique, en dépit des amnisties récentes, n'a pas encore recouvré la sienne. Sur cette seconde question, M. de Persigny nous a exposé ses idées avec une franchise qui l'honore, mais nous pensons que ceux-là même qui étaient mis en cause lui ont victorieusement répondu. Sans nous étendre trop longuement sur ce sujet déjà épuisé, répétons et répétons encore que les lois anglaises du dix-huitième siècle, si dures qu'elles fussent pour la presse, étaient des lois appliquées par des juges, et, ce qui est plus significatif, par des jurés naturellement portés à l'indulgence. La libre publication des satires de *Jonathan Swift* et de *Junius*, longtemps avant l'affermissement définitif de la maison d'Orange, suffirait seule à démontrer les immunités dont jouissait déjà la presse il y a deux siècles.

Nous avons aussi une loi, appliquée, non par des jurés, mais par des juges inamovibles, et eu égard à l'état actuel de la civilisation, il est impossible d'en imaginer une plus sévère. Cette loi ne punit pas seulement les attaques à la personne de l'empereur, elle fait d'un simple délit, de moins encore, d'un détail inexact au milieu d'une dépêche, d'une signature oubliée par l'imprimeur au bas d'un article, l'occasion d'une répression judiciaire nullement exagérée en elle-même, mais dont les conséquences peuvent être déplorables. Cent familles privées de leurs moyens d'existence, des millions perdus, de longs labeurs dépensés en pure perte par des hommes intelligents, telles sont les conséquences d'une condamnation capitale que deux péchés véniels, dûment constatés par les tribunaux, entraînent irrévocablement.

Il est hors de doute qu'une telle loi dépasse le but, mais enfin c'est une loi dont l'application ne dépend que du pouvoir judiciaire : *dura lex, sed lex.* Il y a quelque chose de plus désastreux pour la presse, c'est le droit de suspension et de suppression accordé au gouvernement, devenu ainsi juge et partie dans sa propre cause. Le décret du 17 février rend extrêmement difficile la position de la presse périodique, l'arme concédée à l'administration la tue net, s'il plaît à l'Empereur.

L'Empereur a laissé vivre la presse périodique; mais qui nous répond de la tolérance de ses successeurs? Ce droit de vie et de mort, dont on a usé modérément jusqu'ici, qui vous garantit qu'on n'en abusera pas un jour? Une pareille épée de Damoclès, suspendue sur la tête des journaux, les met dans une situation qui ne peut durer.

Enfin, comme suprême argument, et pour détruire toute

hésitation de la part des hommes d'État qui verraient dans la liberté de la presse une atteinte portée à la stabilité du gouvernement, nous leur rappellerons ces paroles, sorties de la bouche d'un écrivain dont ils ne récuseront pas l'autorité en pareille matière.

« La liberté de la presse eût servi à mettre en évidence la grandeur des conceptions de Napoléon, à proclamer les bienfaits de son règne : Général, consul, empereur, ayant tout fait pour le peuple, eût-il craint qu'on lui reprochât des conquêtes qui n'avaient eu pour résultat que la prospérité et la grandeur de la France, que la paix du monde ? Non, ce n'était pas un gouvernement resplendissant de lauriers civils et militaires qui pouvait redouter le grand jour ! Plus une autorité a de force morale, moins l'emploi de la force matérielle lui est nécessaire ; plus l'opinion lui confère de pouvoirs, plus elle peut se dispenser d'en faire usage. (*Napoléon III, œuvres complètes.*) »

Ainsi donc, au nom du Louis-Napoléon d'autrefois, comme au nom de toutes les notions de droit et de saine politique, nous demanderons d'abord que la presse ne soit désormais justiciable que des tribunaux. En second lieu, nous supplierons le pouvoir législatif de remplacer la loi exceptionnelle qui la régit par une loi plus équitable.

Ce sont là les réformes les plus importantes. D'autres devront suivre. Plus de candidats administratifs, cause permanente d'hostilité entre le gouvernement et la nation. Aux députés la délibération publique et la décision en dernier ressort, à tout citoyen français, par journaux, par livres, par pétitions, par tous les moyens légaux, voix consultative. Peu importe d'ailleurs pour l'instant que le souverain ou le ministre soit responsable, que les ministres agissants se distinguent ou ne se distinguent pas des ministres parlants. L'ancien système avait certainement des inconvénients, et rien ne prouve que le nouveau ne vaille pas mieux. Mais l'essentiel est qu'il ne se fasse rien en France sans le consentement et le concours de la France.

La constitution anglaise, si imparfaite qu'elle soit, ne s'est pas faite en un jour, et ce n'est pas en un jour non plus que peut-être achevée la nôtre. Toutefois il ne faut pas perdre de vue que nos efforts ne datent pas d'il y a dix ans, mais d'il y a soixante-dix ans. Pour quelques-uns, il y a eu beaucoup de temps perdu; pour nous, il y a eu beaucoup d'expérience acquise, dont le moment est venu de se servir. Nous n'en sommes pas à dresser des plans et à rassembler des matériaux. Un édifice est debout, qu'il s'agit de couronner.

Au surplus, nous savons à qui nous parlons. Notre franchise et notre insistance, qui blesseraient peut-être un souverain vulgaire, ne déplairont pas à Napoléon III. Pie IX, libéral un jour, a pu s'arrêter en chemin : un Bonaparte ira droit au but.

XIV.

Et maintenant, pour résumer en quelques mots l'idée de cette brochure, nous dirons aux libéraux : — Trêve d'inimitiés, et arrière toute espèce d'égoïsme ! Il ne doit plus y avoir en France que deux partis : celui du passé, celui de l'avenir, celui de la mort et celui de la vie. A nous la victoire, si nous savons nous entendre !

L'Empereur nous tend loyalement la main, ne lui refusons pas la nôtre. Il ne s'agit pas de s'écrier : Napoléon Ier fut un despote, il s'agit d'aider et d'encourager Napoléon III.

Libéraux de France, soyons à Napoléon III ce que furent à Victor-Emmanuel les libéraux d'Italie.

Et vous, Sire, dirons-nous à l'Empereur, en avant, et que Dieu vous conduise ! C'est à vous, qui avez achevé le Louvre, de mettre la dernière main à l'édifice de nos libertés. A vous, qui avez rendu à la France son vieux renom de nation victorieuse, de lui rendre aussi sa dignité de peuple libre. Vous l'avez relevée et agrandie, émancipez-la sans crainte, et les Français reconnaissants salueront dans la quatrième dynastie celle de leur siècle et de leur postérité.

www.ingramcontent.com/pod-product-compliance
Lightning Source LLC
Chambersburg PA
CBHW060709050426
42451CB00010B/1346